PREMIER RAPPORT

SUR LA VIE DE LA VÉNÉRABLE

Mme DE LESTONNAC,

PREMIÈRE RELIGIEUSE ET FONDATRICE DE NOTRE-DAME.

PAR L'ABBÉ SABATIER,

ADRESSÉ A M. L'ABBÉ TRINCHANT,

POSTULATEUR DE LA CAUSE DE LA SERVANTE DE DIEU.

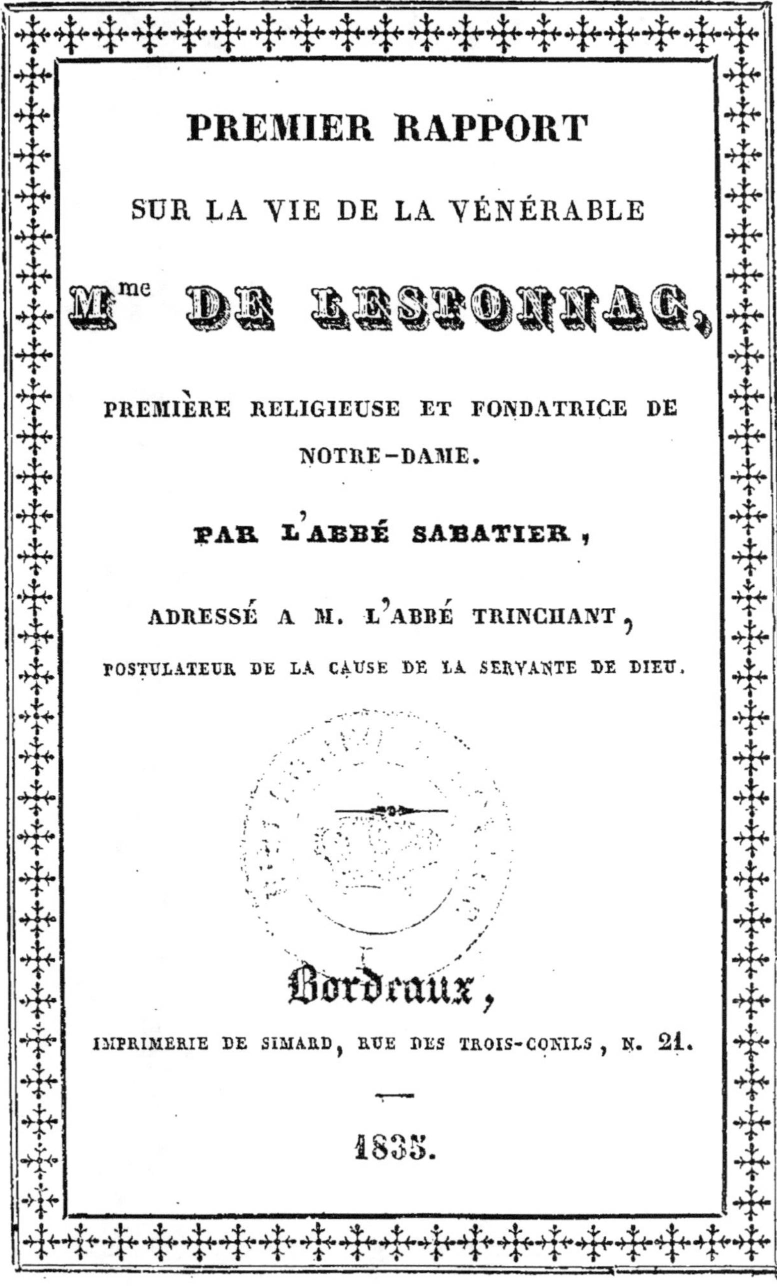

Bordeaux,

IMPRIMERIE DE SIMARD, RUE DES TROIS-CONILS, N. 21.

—

1835.

En m'annonçant, par votre lettre du 20 décembre dernier, la délégation de N. S. P. le Pape qui m'accréditera en qualité de Postulateur, pour poursuivre à Bordeaux les opérations du procès relatif à la Vénérable Mère de Lestonnac, vous me dites que mon premier devoir est de compulser tous les monumens et toutes les traditions qui se rattachent à cette sainte cause. Tel était déjà, Monsieur, l'objet de mes recherches, lorsque votre lettre m'est parvenue ; car j'avais cru prudent de ne point livrer à la publicité une vie nouvelle de la Vénérable, que sollicitait vivement la piété bordelaise, sans avoir acquis la certitude qu'il n'y avait pas possibilité d'obtenir d'autres documens que ceux renfermés dans les trois vies successivement écrites par les PP. de Sainte-Marie, Bouzonnier et Beaufils.

Naturellement, mes premières recherches ont été faites dans la partie des archives de l'Archevêché de Bordeaux, échappée aux incendies et aux dilapidations de la révolution, et que le Postulateur chargé de poursuivre à Bordeaux la première enquête, n'eut pas l'heureuse idée de compulser. Le résultat de ces recherches est venu m'offrir la preuve que les craintes que je concevais sur l'entière exactitude des vies écrites, n'étaient point vaines ; et je ne doute pas qu'après avoir lu avec attention le rapport que j'ai l'honneur de vous adresser, vous ne gémissiez comme moi sur la facilité avec laquelle trois historiens ont successivement adopté des faits qu'auraient démentis des documens puisés à la source la plus naturelle comme la plus sûre, et dont l'ignorance est cause que ces trois historiens n'ont fourni avec exactitude à l'Ordre de Notre-Dame, ni l'histoire de sa Fondation, ni la vie de sa Fondatrice. J'ai de plus, mais sans résultat, fait les plus minutieuses recherches dans la bibliothèque publique de la ville et dans plusieurs bibliothèques particulières.

Pour donner à mon rapport tout à la fois plus de clarté et de force, je divise la vie de la Vénérable en six époques, et à chacune de ces époques, je rattache les documens nouveaux qui peuvent lui appartenir et que je crois utile de vous faire connaître, au moins d'une manière générale, avant d'entreprendre l'application que je dois en faire.

1º Un livre-journal de l'Archevêché de Bordeaux, ayant pour titre : *Actes de l'Archevesché de Bordeaux, séant au Siége Métropolitain Monseigneur l'Illustrissime et Révérendissime Cardinal de Sourdis.* == Ce livre-journal, commencé en 1600, fini en 1620, et renfermant plus de mille pages in-folio,

a été écrit par M. l'abbé Jean Bertheau, alors Archidiacre de Fronsac en l'Eglise Métropolitaine , et Secrétaire de l'Archevêché.

2° Un autre manuscrit, comptant environ cent
pages in-folio , écrit en 1635 , et ayant pour titre :
*De l'Origine et Institution des Religieuses de Nostre-
Dame , prince et tirée, tant des registres du Secrétariat de l'Archevesché de Bordeaux , que des
archives du premier Couvent dudit ordre de la ville
de Bordeaux: Envoyé à tous les Couvens dudit
ordre par les Mères et Religieuses dudit Couvent
de Bordeaux.*

Il est sans doute inutile de vous faire observer que
ces deux manuscrits, qui ne diffèrent sur aucun fait
quant au fonds, renferment les documens les plus
authentiques comme les plus sûrs , puisqu'ils sont
l'ouvrage de témoins contemporains et oculaires. De
plus , ne peut-on pas et ne doit-on même pas regarder le cahier rédigé par les Religieuses comme l'ouvrage particulier de la Vénérable Fondatrice, puisqu'il
fut écrit un an après son retour de Pau , et que, dans
l'épître dédicatoire, que je consignerai en entier dans ce
rapport, est annoncée l'impression prochaine des
Règles et Constitutions, impression qu'on jugeait utile
et même nécessaire de faire précéder par l'histoire vé-
ridique de la fondation de l'Ordre ?

3° Plusieurs originaux des actes divers dont les
copies sont renfermées dans les manuscrits ci-dessus.

4º Les manuscrits qui ont servi pour l'édition première des Règles, par conséquent pour celle de 1638, faite du vivant de la Vénérable Fondatrice.

5º L'original de la déclaration et autorisation fournies par Monseigneur de Sourdis, frère et successeur du Cardinal, pour ladite édition de 1638 des Règles et Constitutions.

6.º Enfin, plusieurs actes originaux portant également la signature, soit de Son Eminence le Cardinal, soit de Monseigneur son successeur, et relatifs à la Communauté de Bordeaux.

La vie de la Vénérable, commençant en l'an 1556 et finissant en l'an 1640, comprend une durée de 84 ans.

Iʳᵉ ÉPOQUE,

Comprenant depuis l'année 1556, année de la naissance de la Vénérable, jusques au 7 mars 1606, inclusivement.

Les archives de l'Archevêché ne m'ont fourni aucun document sur cette première époque; en cela rien d'étonnant, car ce n'est qu'après cette époque que la Vénérable de Lestonnac eut, avec l'autorité ecclésiastique du diocèse de Bordeaux, des rapports du ressort de la juridiction archiépiscopale. Ainsi, pour cette première époque, reste le témoignage des trois historiens qu'aucun nouveau document, pour le moment connu de moi, ne vient directement confirmer ou infirmer.

2e ÉPOQUE,

Comprenant depuis le 7 mars 1606, inclusivement, jour où est faite à Son Eminence le Cardinal de Sourdis la remise de la formule de l'Institut de Notre-Dame, jusqu'au 1er mai 1608, aussi inclusivement, jour de la prise d'habit de la Vénérable.

Le 7 mars 1606 fut faite au Cardinal la remise de la formule du nouvel Institut. Sur ce point, il existe un accord parfait entre les trois historiens, d'un côté, et le Secrétaire de l'Archevêché, et les Religieuses, de l'autre ; mais tout accord cesse sur l'accueil fait par Son Eminence au projet de la Vénérable, et sur ce qui se passa jusqu'au 25 du même mois, jour où le Prélat approuva la formule qui lui avait été présentée.

Voici en substance ce que disent à ce sujet les historiens :

Le 7 mars, Madame de Lestonnac se présente à l'Archevêque qui reçoit très-favorablement sa requête, mais qui demande du temps pour en délibérer avec son Conseil, et remet ainsi la réponse à un autre jour. Le jour indiqué étant venu, la Vénérable se présente de nouveau, mais elle est accueillie par Son Éminence avec un air froid et sérieux, et elle ne tarde pas à apprendre qu'un grand changement s'est opéré dans l'esprit du Prélat, par l'effet de conseils donnés par des Ecclésiastiques plus zélés qu'éclairés.

Son Éminence, n'approuvant plus le projet de la Vénérable, lui propose la réforme d'un Couvent d'Ursulines qui, sans supérieure, vivaient. alors dans un grand relâchement, et ne faisaient presque aucune fonction de leur vocation.. Survient sur ce sujet, et par mode de citation, le discours de l'Archevêque et la substance de la réponse noble et généreuse de Madame de Lestonnac au Prélat. La Vénérable, ne se laissant point abattre par une opposition si inattendue, cherche, avec ses pieuses compagnes, à intéresser le Ciel dans sa cause, et emploie dès personnes puissantes par leur crédit ou leur facile accès auprès du Prélat, pour faire arriver jusqu'à lui des conseils meilleurs. Mieux éclairé, le Cardinal revient bientôt sur sa détermination. Instruite de cet heureux changement, la Fondatrice se hâte de profiter des dispositions favorables de Son Éminence, demande et obtient une audience, et reçoit sur le moment même l'acte d'approbation de son Institut, que le Cardinal avait eu le soin délicat de faire dresser d'avance par son Secrétaire.

Voyons maintenant ce que nous apprennent sur ce même point le Secrétaire du Prélat, écrivant en 1606, et les Religieuses, écrivant en 1635.

1º Dans le livre-journal de l'Archevêché, je lis à l'article ayant pour titre : *Du premier dessein et fondement du Couvent des Religieuses de Nostre-Dame de Bordeaux* : «En estant parlé à M. le » Cardinal, il loua, approuva, soutint et avança

» grandement ce dessein comme venant du Saint-
» Esprit, et, après avoir commis l'affaire à un des
» Pères Jésuites pour dresser cet institut et iceluy
» lire en plusieurs consultations, il jetta le premier
» fondement de ce fructueux et glorieux Institut en
» la ville de Bordeaux, le propre jour de l'Annoncia-
» tion de Nostre-Dame. »

2.° Dans le manuscrit des Religieuses, au chapitre ayant pour titre : *Le dessein ou formule est receu favorablement par Monseigneur le cardinal de Sourdis qui en donne son jugement,* je retrouve le même récit sans d'autre différence que celle offerte par les expressions : « L'offrande de ces dévotes et
» pieuses ames ne feut pas plustost mise ès mains de
» ce grand et zélé Cardinal Archevesque et Primat,
» qu'il la cognoist partir d'un mouvement céleste, et
» ne pouvant laisser de peser cette formule tant en la
» généralité de toutes ses clauses qu'en la considéra-
» tion et poids de chacune d'icelles en particulier,
» délibère et resoult d'en demander l'approbation au
» Saint-Siége, en donne son sentiment et l'offre à la
» Sainte-Vierge, Mère de Dieu, le jour qu'elle feut
» saluée pleine de grâces, pour donner à cette for-
» mule un plus favorable accès aux pieds du Vicaire
» de J.-C. »

D'après les documens ci-dessus, n'est-on pas en droit de conclure que Son Éminence le Cardinal, loin d'opposer au projet de la Vénérable les tracasseries qui lui sont imputées, l'adopta avec joie et en pour-

suivit l'exécution avec le zèle ardent qui le caractéri-
sait. Ce n'est point le 7 mars que Madame de Lestonnac parlait pour la première fois à Son Eminence
de son projet, puisque c'est ce jour là même que fut
faite entre les mains du Prélat la remise de la formule
de l'Institut, formule qui fut rédigée sur la com-
mission qu'il en donna lui-même à un Père Jésuite
après en avoir conféré avec Madame de Lestonnac.
Dix-sept ou dix-huit jours seulement furent consa-
crés par le Prélat à l'examen des trente articles qui
composent cette formule, et il eut, à cette fin, avec
le Jésuite qui l'avait rédigée et que tout prouve être
le P. Desbordes, des conférences qui eurent pour résultat une flatteuse et honorable approbation. Ainsi
s'anéantit cette opposition du Cardinal, dont on ne retrouve pas dans les écrits de l'époque la plus légère
preuve. Mais voici ce qui est grandement de nature à
saper par les fondemens le récit des historiens sur ce
fait, récit injurieux pour la mémoire d'un Prince de
l'Eglise qu'un grand Pape appela le Charles Borrho-
mée de la France, d'un Prélat que l'Église de France
s'honore de placer dans le nombre de ses pontifes les
plus illustres.

Le Prélat avait-il alors à s'occuper des Ursulines
et surtout de leur réforme? Non; et par une raison
dont la simplicité exclut tout développement, et cette
raison, la voici : C'est que les Ursulines n'existaient
point encore à Bordeaux, et que la première idée de
leur établissement ne fut conçue par le Cardinal que

le jour de la fête de Saint-André, même année, par-
conséquent dix mois environ après l'approbation fournie au projet de Madame de Lestonnac ; et de ceci,
voici la preuve :

Je lis dans le livre-journal de l'Archevêché, à l'article ayant pour titre : *Du commencement et intro-
duction des Vierges de Sainte-Ursule à Bordeaux*. « Cette belle, noble et généreuse Compagnie
» des Vierges de Sainte-Ursule a prins son commence-
» ment cette année 1606, en cette cité de Bordeaux,
» soubs le zèle et autorité de Monseigneur le Cardi-
» nal de Sourdis, Archevesque, duquel à bon droit
» elles peuvent estre appelées les filles de sa piété. Il
» s'estait grandement resjouy le jour de l'Annoncia-
» tion dernière quand il approuva le dessein héroï-
» que de ces pieuses et dévotes dames de Landiras,
» et les filles de sa suite, d'establir un Couvent de
» Nostre-Dame, à Bordeaux, fondé sur l'espérance
» qu'il concevait que la jeunesse de leur sexe serait
» instruite chrestiennement et catholiquement. Mais
» le jour de Saint-André mourant en la Croix, lui
» redoubla la même joie par l'effet de l'accomplisse-
» ment de ses désirs, en deux filles qui se présentè-
» rent à lui pour s'agréger en société soubs le titre de
» Sainte-Ursule, pour travailler en ce mesme sub-
» ject à l'exemple des Vierges de la mesme société
» establie par le grand Saint-Charles-Borrhomée, au
» Diocèse de Milan. » Suit l'abrégé de la vie édi-
fiante de ces deux Vierges ; leur exemple leur attire

bientôt des admiratrices de leur piété et des compagnes de leur zèle. Des réglemens leur sont plus tard fournis par le Cardinal, et enfin, en 1619 seulement, est obtenue du Souverain Pontife une bulle d'institution.

Il n'est point inutile de faire remarquer que la formule approuvée par le Cardinal et envoyée à Rome n'est point une certaine formule en Français que j'ai trouvée en tête d'un ouvrage portant pour titre : *Règles et Constitutions de l'Ordre des Religieuses de Notre-Dame*, imprimé à Castres, en 1825, et que l'on retrouve également dans un autre ouvrage plus ancien, portant le même titre, et dont celui de Castres est presque en totalité la reproduction. Ce qui, entr'autres choses, semble offrir la preuve que cette formule en Français a été rédigée plus tard que le 7 mars 1606, c'est qu'il y est fait mention du Saint Fondateur de la Société de Jésus avec le titre de Saint, tandis que la Bulle de sa Canonisation n'a été publiée qu'à une époque bien postérieure.

Le Cardinal ayant approuvé la formule précitée, le 25 mars 1606, il fut sans délai avisé par Son Eminence au moyen d'assurer l'heureux succès des démarches à faire en Cour de Rome pour obtenir du Saint-Siège un Bref d'approbation et d'institution. L'abbé Moisset est choisi et part pour Rome le 4 août 1606, en la double qualité d'envoyé de Son Eminence et de la Vénérable Fondatrice.

Les Cardinaux composant la Congrégation des

Évêques et Réguliers fournissent un avis approbatif et explicatif dont on trouve dans chacun des deux manuscrits une copie accompagnée d'une déclaration de M. Moisset. L'an 2 de son Pontificat, et le 7 avril 1607, Notre Saint-Père le Pape Paul V accorde un Bref d'approbation et d'institution qui réduit en Constitutions Apostoliques, à bien peu de chose près, les trente articles qui déjà avaient reçu l'approbation de l'Ordinaire et de la Congrégation. Le 21 janvier 1608, le Cardinal exécute le Bref, érige le monastère de Notre-Dame en la ville de Bordeaux, et l'agrège à l'Ordre de Saint-Benoît pour l'habit et les priviléges. Il donne procuration à M. Moisset pour accélérer les affaires du nouvel Ordre, et le 20 février même année, il fait donation de la Chapelle dite du Saint-Esprit et d'un bâtiment attenant, afin que la Vénérable et ses Compagnes puissent commencer leurs pieux exercices. Enfin, le 1er mai suivant, tout étant dans le local concédé conforme aux prescriptions de l'Eglise sur la clôture, il donne aux prétendantes le voile du Noviciat.

De chacun des faits ci-dessus et de leur date, il existe dans les manuscrits découverts une preuve particulière et authentique.

3me ÉPOQUE,

Comprenant depuis le 1.er mai 1608 inclusivement, jour où la Vénérable reçoit le voile du Noviciat, jusques au 8 décembre 1610, jour où elle reçoit celui de la Profession.

Les erreurs dans lesquelles sont tombés les trois historiens dans le récit des faits de la seconde époque de la vie de la Vénérable, ont exercé une funeste influence sur le récit de ceux se rattachant à la troisième ; et indépendamment des conséquences, erreurs déjà signalées, ce récit de la 3me époque est encore vicié par des erreurs nouvelles, et d'une gravité telle qu'on ne pourrait se dispenser de les signaler sans se montrer indifférent à l'égard de la Vérité, de la Charité et de la Justice.

Les historiens, à partir du 1er mai 1608, au 1er mai 1610, ne fournissent au lecteur que des détails sur l'état intérieur du Couvent et la pieuse conduite des Novices, et ils ne signalent pas un fait qui prouve que l'œil du zélé Archevêque était ouvert sur cette maison naissante ; et cependant, il s'était passé, dans cet intervalle de deux années, bien des événemens qui établissent que cette maison, qui n'avait point cessé de lui être chère, était toujours l'objet de sa sollicitude pastorale. En effet, le 4 octobre 1608, sur la demande du Prélat, la ville concède à la nouvelle Communauté deux terrains pour l'agrandissement et la régularité du monastère, et le même jour, la Communauté en prend possession. Henri IV confirme cette concession, ratifie, loue et approuve l'Institut de Notre-Dame par lettres-patentes du mois de mars 1609, et l'édit du Roi est enregistré au Parlement de Bordeaux, le 9 août même année. Comme fait important pour l'intelligence de tout ce qui va suivre, je signale ici le départ du Cardinal pour Paris où l'appelait les ordres du Roi pour qu'il assistât au couronnement de la Reine. De ce départ, arrivé dans le mois de février 1610, et dont aucun des trois historiens ne parle, vous allez bientôt comprendre toute l'importance.

Considérez d'abord ce que disent les historiens ; de leur récit sur les événemens de cette époque, j'extrais la substance.

Les deux ans de Noviciat étant sur le point de finir, les ferventes Novices se croyaient au moment de voir s'accomplir les vœux les plus ardens de leur cœur ; mais il s'était opéré dans l'esprit du Prélat un changement dont on trouve peu d'exemples, puisqu'il avait repris le dessein d'unir les Filles de Notre-Dame avec les Ursulines. C'était l'effet des conseils que donnaient au Cardinal, dit le P. Beaufils, avec aussi peu de vérité que de charité, « des hommes d'une
» grande réputation de piété, qui avaient la confiance
» du Prélat, dont ils dirigeaient la conscience lorsqu'il
» allait faire des retraites chez eux et pratiquer de
» secrètes pénitences. C'en était assez pour être à
» couvert de tout soupçon d'intérêt ou de mauvaise

» volonté dans le conseil qu'ils donnaient ; aussi fu-
» rent-il crus. » Madame de Lestonnac ne tarda pas à
être instruite des dispositions nouvelles du Cardinal à.
son égard, car un envoyé de la Vénérable qui se pré-
senta à Son Éminence pour lui proposer la fête de la
Présentation de la Vierge pour le jour de la Profession, ne put obtenir du Prélat d'autre réponse que
ces mots : Je verrai ce que j'aurai à faire. Le Cardinal, devenu le destructeur de l'Ordre, selon l'expres-
sion employée, ne vient que long-temps après au
Couvent, et le P. Beaufils, rendant compte de l'en-
trevue du Cardinal et de la Fondatrice, donne, avec
guillemets ou en lettres italiques les paroles de l'Archevêque et celles de la Vénérable. La Fondatrice
n'ayant rien obtenu du Prélat, fait part à ses Compagnes de ce qui afflige son cœur, et les paroles
qu'elle leur adresse, ainsi que leurs généreuses réponses sont encore en lettres italiques. A l'occasion de
cette conduite si inattendue de l'Archevêque, toute
la ville de Bordeaux est en rumeur. La Vénérable fit
alors, mais en vain, parler au Prélat par des personnes puissantes ; mais Dieu s'était réservé la gloire d'un
changement que lui seul pouvait opérer. Le Cardinal
ayant arrêté un voyage à Rome, on ne sait pour quel
sujet, disent les historiens, monte en chaire avant
son départ pour prendre congé de son peuple ; après
quoi, s'étant embarqué sur la Garonne, il s'arrête
quelque temps dans son château de Lormont. Là ,
pendant qu'il est en prières, la Sainte-Vierge lui ap-

parait et lui intime l'ordre de recevoir avant son départ les vœux de ses Filles. C'est ainsi, qu'au grand
étonnement de la ville entière, a lieu son retour inat-
tendu à Bordeaux, le 7 décembre au soir. A peine
arrivé, il se rend au Couvent de Notre-Dame et an-
nonce aux Religieuses que le lendemain 8 , il recevra
leurs vœux ; il les reçoit effectivement et reprend le
surlendemain la route d'Italie.

Ce récit dont la substance se trouve dans les trois
vies écrites, suppose, pour être vrai, bien des faits
qui sont sans fondement, et par conséquent sans vérité ; vous allez vous en convaincre.

1.º Peut-on croire que le Cardinal ait pu former
le projet d'unir des Religieuses ayant fait leur Noviciat dans un Ordre approuvé par le Souverain Pontife,
et d'anéantir ainsi l'effet du Bref qu'il avait réclamé
lui-même et qu'il avait exécuté en ce qui le concer-
nait, de les unir, dis-je, à deux pieuses filles qui n'a-
vaient encore d'autres réglemens que les réglemens
libres de la piété, et qui, à elles seules, consti-
tuaient, sous la conduite et direction d'un Curé de la
ville, le noyau de l'association qui devait plus tard
créer à Bordeaux la Congrégation de Sainte-Ursule.
Je dois à la vérité de déclarer que je n'ai rien trouvé
dans le livre-journal de l'Archevêché qui puisse au-
toriser d'une manière, même très-éloignée, le rôle
que les historiens de la Vénérable ont fait jouer à la
Communauté des Ursulines de Bordeaux.

2.º Le Cardinal a-t-il pu parler et agir comme le

fait parler et agir le P. Beaufils ? Etait-il à Bordeaux
vers le fin d'Avril, car c'est alors qu'étaient sur le
point de finir les deux années de Noviciat ? Le Cardinal était parti pour Paris, ainsi que je l'ai déjà dit,
dans le courant de février 1610, et le 14 mai, toujours même année, l'histoire nous le montre encore à
Paris, donnant l'obsolution à Henri IV assassiné. Les
registres de l'Archevêché, en cela d'un accord parfait
avec l'écrit des Religieuses, nous apprennent de plus
que son séjour à Paris se prolongea jusqu'au mois
d'octobre. Dans ces deux manuscrits, nous trouvons
la preuve qu'il écrivit de Paris le 19 juin à M. Lévenier, son Vicaire général, qu'il apprenait par Madame de Lestonnac que le nouveau local dont il
avait autorisé l'acquisition dans la rue du Hâ était
disposé à recevoir la communauté, et qu'en conséquence il lui donnait le pouvoir de mettre les Religieuses de Notre-Dame en possession de leur nouvelle
maison, toutefois après s'être assuré que tout était
conforme aux prescriptions du Concile de Trente sur
la Clôture. Ce ne fut que le 8 septembre, fête de la
Nativité, que M. Lévenier, exécutant les pouvoirs à
lui conférés par le Cardinal, mit en possession du
nouveau local la Vénérable et ses Compagnes de
Noviciat. C'est sans doute ici le lieu de signaler une
erreur particulière dans laquelle est tombée le P.
Beaufils après ses devanciers, en faisant faire profession à Madame de Lestonnac dans la Chapelle du

Saint-Esprit, et en ne faisant prendre possession du local, situé dans la rue du Hâ, qu'en 1616.

Après les faits ci-dessus, dont des pièces authentiques établissent la vérité, reste-t-il la plus légère preuve de l'opposition si déraisonnable, imputée au Cardinal? Mais pourquoi, dira-t-on peut-être, les Religieuses n'ont-elles pas fait leur Profession au terme de leur Noviciat, arrivé le 2 mai? Pourquoi n'ont-elles proféré leurs vœux que sept mois plus tard? 1º Elles n'ont pas dû prononcer leurs vœux avant le mois de septembre, parce que tout naturellement elles devaient attendre, pour faire vœu de clôture, d'être établies dans leur nouveau local, en possession duquel elles ne furent mises que le 8 dudit mois de septembre; 2º elles n'ont pas dû faire leur Profession avant le mois d'octobre, parce qu'elles durent attendre pour cette cérémonie le retour de Son Éminence, et cela, afin qu'elles pussent recevoir le voile de la Profession des mains du Prélat qui leur avait donné celui de la Probation; et le Cardinal ne fut de retour que dans le courant d'octobre; 3º de la mi-octobre au 8 décembre, il y a environ deux mois, et voici comment peut s'expliquer ce nouveau retard. On devait choisir pour la cérémonie une fête de la Vierge, et la plus proche était celle de la Présentation, le 21 novembre; venait ensuite celle de l'Immaculée Conception, le 8 décembre, 17 jours plus tard. Des motifs, inspirés par une dévotion particulière, n'auraient-ils pas pu faire choisir par Madame de Lestonnac la fête de l'Immaculée Conception ? De plus, en supposant réelle la demande faite pour la fête de novembre, qui s'explique faite au mois d'octobre , mais qui ne peut s'expliquer faite au mois d'avril, où la placent les historiens, Son Eminence n'aurait-elle pas pu ne pas accéder à cette demande sans devenir opposant à la Profession ? Ne pouvait-il pas arriver que , pendant les derniers jours d'octobre et le mois de novembre, il fut appelé hors la ville de Bordeaux pour le bien de son Diocèse ? C'est précisément ce dont le livre-journal de l'Archevêché nous offre la preuve ; car il nous apprend qu'à peine de retour de Paris, le Cardinal s'empressa de tenir son synode, qu'il tint successivement, selon l'usage du diocèse, à Bordeaux et à Blaye , qu'aussitôt après il entreprit une visite pastorale, et que le 14 novembre, de passage à Libourne, il bénit la première pierre du Couvent des PP. Recolets.

Mes raisonnemens sur ce point se trouvent confirmés par le manuscrit des Religieuses. Voici ce qu'il contient au chapitre portant pour titre : *Du premier vœu et première profession solennelle des Religieuses de Nostre-Dame et de la première élection de la Supérieure.* « Combien est que la Probation » et le Noviciat de deux ans desdites Religieuses Novi-» ces feut accompli dès le premier jour de mai 1610, » si, est toutefois qu'elles ne firent pas sitost le vœu » et profession solennelle, car comme elles avaient » prins le voile de Probation de la main de leur Pré-» lat, aussi désiraient-elles recevoir de la même

» main celui de la Profession, de manière qu'elles dé-
» sirent retarder jusques au retour de Monseigneur le
» Cardinal, pour la rendre plus célèbre et solen-
» nelle. Or, ce retour estant arrivé heureusement,
» elles feurent toutes prestes et disposées à recevoir le
» voile de Profession, et le Prélat à le leur donner ;
» si bien, que comme elles avaient en mire la vertu et
» la pureté de la Sainte Vierge, Mère de Dieu, le
» jour de la Conception Immaculée, dans la maison
» religieuse de leur nouvelle demeure, elles offrirent
» à Dieu et à la Sainte Vierge, leur Mère et Protectrice,
» leur vœu et première profession solennelle de l'Or-
» dre de Nostre-Dame, et prirent l'habit et le voile
» de Saint-Benoist entre les mains de mon dit Seigneur
» le Cardinal et Archevesque, et qui, en la célébrité
» de ce jour, leur célébra la Sainte Messe et les com-
» munia au corps et au sang de leur Sauveur, avec
» une telle joye et consolation intérieure qu'elle ne
» se peult exprimer que par ceux qui ont senti les
» douces infusions de l'Esprit de Dieu. »

3° Que doit-on penser de ce voyage de Rome, auquel les historiens ont rattaché tant de circonstances
extraordinaires, et dont tous disent ignorer les motifs : A-t-il eu lieu ?

Le secrétaire du Cardinal, qui a consigné dans son
livre-journal le récit des plus petits voyages du Prélat, loin d'en dire un seul mot, dit expressément tout
le contraire, puisqu'il nous offre la preuve de sa
présence à Bordeaux ; 1° le 24 du même mois

de décembre , jour où il se rend , après les premières
Vêpres de Noël, dans le couvent de Notre-Dame pour
confirmer la Vénérable Fondatrice dans son titre et
ses fonctions de Supérieure, et de cet acte de confirma-
tion se trouve une copie dans le livre-journal et
dans le cahier des Religieuses ; 2º le 31, toujours
même mois , où il fait à Bordeaux acte de présence et
d'autorité ; 3º le 9 janvier 1611 , jour où il fait an-
noncer au prône d'une paroisse sa visite pastorale
pour le dimanche suivant ; 4º les premiers jours de
mars, époque où il tient son synode ; 5º Enfin , pendant l'année 1611 toute entière , puisque les actes renfermés dans le livre-journal ne rendent pas possible
dans le courant de cette année une absence de plus
de quinze jours.

4me ÉPOQUE ,

Comprenant depuis le 8 décembre 1610 exclusive-
ment , jusqu'au 25 mars 1622 , jour présumé où
elle cesse de remplir dans la maison de Bor-
deaux , les fonctions de Supérieure.

Pour cette époque , mes recherches ne m'ont fourni
que les documens suivans :

1º M. Levenier, en l'absence du Cardinal, réunit
quatre Pères Jésuites et M. l'abbé Moisset, pour ar-
rêter une réponse à plusieurs questions proposées par
les Religieuses de la Communauté de Notre-Dame de
Bordeaux , et le 10 novembre 1613 , Son Eminence
approuve les réponses fournies , ainsi que les règles

de la Discrète et des Conseillers, et celles relatives à la manière de tenir les élections. Un projet de ces règles diverses avait été soumis au jugement du Prélat qui, de sa main, y fit de considérables additions, soustractions et changemens. Le projet ainsi changé fut par lui envoyé, avec ces mots écrits sur la dernière feuille : M. Moisset dira son avis à Monseigneur qui s'en rapporte à lui, à M. Moisset lui-même, qui ne crut pas utile le plus léger changement à ce qu'avait fait le Prélat; et ainsi, doit-on regarder cette partie des Règles comme l'ouvrage du Cardinal, ce dont offre une preuve suffisante la conformité parfaite de la rédaction de ces Règles dans l'édition de 1638 et dans le projet manuscrit conservé dans les Archives, et portant le travail du Cardinal.

2º Le 1er juillet 1616 fut dressé, pardevant notaire, l'acte de fondation de l'Eglise du Couvent. Le Fondateur est un nommé de Lostigny de Lanchre, Conseiller à la Cour, qui, de ses deniers, fit bâtir une fort belle Eglise dont les malheurs de l'Eglise de France ont fait un temple pour le culte protestant, en faisant du monastère une caserne. Le manuscrit des Religieuses contient de plus un extrait du testament du Fondateur.

. Le livre-journal de l'Archevêché contient, outre les documens se rattachant à la maison de Bordeaux, les titres des Fondations faites jusqu'à la fin de l'année 1620, année où il finit.

3º Le 8 novembre 1620, a lieu le transfert des

deux Filles de Madame de Lestonnac, du Couvent de l'Annonciade à celui de Notre-Dame.

N'ayant d'autre but que celui de rectifier, à l'aide des documens nouveaux, le récit des écrivains de la vie de la Vénérable, je m'abstiens de tout raisonnement sur les faits, quels qu'ils soient, qui sont sans rapport immédiat avec lesdits documens, tout en faisant néanmoins observer que les historiens sont tombés dans de nombreuses erreurs chronologiques dans ce qui a rapport, soit à la fondation de la maison de Bordeaux, soit aux fondations faites hors cette ville.

Le grand événement de cette époque, est la cessation des fonctions de Madame de Lestonnac comme Supérieure de la maison de Bordeaux. Sur ce point si important de la vie de la Vénérable, les manuscrits découverts ne renferment pas le plus léger renseignement. N'est-on cependant pas autorisé à penser, après la preuve des erreurs graves dans lesquelles sont tombées les historiens pour les époques antérieures, que si cet événement eût nécessité des actes de la part de l'autorité ecclésiastique, et que ces actes eussent passé à la postérité, nous y trouverions la preuve que le Cardinal se montra alors comme par le passé, juste appréciateur des vertus et du zèle de la Vénérable Fondatrice. Tout fait présumer, et c'est même la seule date admissible, que c'est le 25 mars 1622 que la Vénérable cessa, après quatre triennes, d'être Supérieure de la maison de Bordeaux.

5me EPOQUE,

Comprenant depuis le 25 mars 1622 exclusivement, jusqu'à l'année 1634, époque du retour de la Vénérable de Pau.

Le livre-journal de l'Archevêché, finissant à l'année 1620, est sans rapport avec cette 5me époque, et le manuscrit des Religieuses dont le contenu se rapporte tout entier à la fondation de la maison de Bordeaux, n'offre pas également le plus léger document. Je ferai néanmoins observer que les historiens qui font partir de Bordeaux en 1626 la Vénérable, et qui placent son retour en 1634, ne s'accordent point avec eux-mêmes, lorsqu'ils assignent à son absence seulement une durée de six ans. Tout prouvant la vérité de la date fournie par eux, pour le départ et le retour, il faut admettre une absence de huit ans.

6e ET DERNIERE ÉPOQUE,

Comprenant depuis l'année 1634 jusqu'au 2 février 1640, jour de la mort de la Vénérable.

La Vénérable Madame de Lestonnac fut rappelée à Bordeaux par Monseigneur Henry de Sourdis, frère et successeur du Cardinal, mort en 1628, et cela, disent tous les historiens, pour s'occuper, selon le vœu de toutes les communautés, à mettre la dernière main à l'œuvre des Règles et Constitutions. De retour en 1634, elle s'occupa sans retard de l'objet de la mission qui lui avait été confiée, et dès-lors, il fut arrêté qu'on ferait successivement imprimer : 1º l'histoire de l'origine et institution de l'Ordre ; 2º les Constitutions fournies et données dès le commencement pour une plus pleine et entière observance de la règle ; 3º et en dernier lieu, un cérémonial de la réception des Filles Novices et Professes, et du service divin auquel la règle oblige les Religieuses.

Ce projet commença à recevoir son exécution l'an 1635, par l'envoi probable aux Communautés diverses de l'Ordre, de l'histoire de l'Origine et Institution des Religieuses de Notre-Dame écrite par les Religieuses de la Communauté de Bordeaux. En tête de ce manuscrit dont j'ai déjà, d'une manière fort générale, fait connaître le contenu, se trouve une épitre dédicatoire dont la reproduction ne peut qu'être utile ; car, à mon avis, c'est un document très-précieux pour l'histoire de la Fondation et des Constitutions de l'Ordre de Notre-Dame.

Aux très-dévotes et Religieuses Mères et Sœurs des Maisons et Couvents de l'Ordre de Nostre-Dame.

Nos très-chères Mères et bien-aimées Sœurs en Nostre-Seigneur. Pour ce qu'il n'y a rien si nécessaire ni si utile à une âme religieuse qui désire s'advancer à grands pas en la vertu et perfection que la cognoissance de l'estat de la vie qu'elle s'est proposée et professée pour se mouler parfaictement sur sa règle, cognoissance qui doit estre d'aultant plus pleine et abondante, en celles qui ont la charge et conduite des aultres, qu'elles sont obligées à leur bailler l'impression et le mouvement à la fin et au but désiré; et que nous avons cognu par diverses missives qui nous ont esté envoyées de plusieurs de vos maisons, qu'il se treuve par fois des difficultés pour venir à la cognoissance de l'essence et du vrai estre de nostre institut; tant pour ce qu'il n'y a encore rien d'imprimé, ny de la règle, ny de nos constitutions, que pour ce que nous sommes aggrégées à l'Ordre du glorieux Patriarche Saint-Benoist, nous avons pensé et estimé que c'estait chose aultant nécessaire que de nostre devoir, d'y donner une lumière claire et certaine par l'impression de tout ce qui s'est fait et passé en son institution, en quoy paroistra et verra-t-on le premier dessin et formule de l'Ordre; le jugement qu'en fit l'Ordinaire, les advis et consultations de nos Seigneurs les Éminentissimes et Révérendissimes Cardinaux de la Saincte Église Romaine, commis par sa Saincteté à examiner ceste première formule, l'approbation du Sainct-Siège, l'aggrégation faite à l'Ordre de Sainct Benoist, par feu de bonne mémoire Monseigneur l'Éminentissime et Révérendissime Cardinal de Sourdis, lors nostre Ordinaire; et comment et pourquoi. Enfin l'on pénétrera jusques dans les premiers fondemens, commencemens et entrées de l'exercice d'instruire les filles en la piété et dévotion, point plus essentiel de cest institut; ce qui nous donne une asseurance que toutes ces difficultés et obscurités s'évanouiront et cesseront à la lumière de tous ces actes et pièces authentiques qui ont esté dressées et approuvées. A quoy nous avons esté d'aultant plus poussées et portées que toutes ces pièces et actes sont un meuble commun qui vous appartient aultant qu'à nous, et duquel nous nous sentions redevables et obligées à la communication. Pour y parvenir, nous avons diligemment cherché en nos archives et mis à part tout ce qui pouvait servir au subject, et d'avantage, nous avons fait faire une particulière recherche dans les registres du secrétariat de cet Archevesché de Bourdeaux, des pièces et actes concernant nostre institution pour donner plus de jour et atteindre la cognoissance parfaicte de l'origine, institution et approbation de nostre Ordre. Tout ce qui s'est trouvé en l'un et en l'autre vous l'aves icy mis, dressé et digéré soigneusement avec quelques advis pour plus d'intelligence. C'est ce que nous vous présentons bien humblement ou plustôt vous rendons avecq espérance de vous donner immédiatement après les constitutions qui ont esté formées et données dès le commencement de cette maison, pour une plus pleine et entière observation de la règle, et ensuite un cérémonial de la réception des filles novices et professes, et du service divin auquel la règle nons oblige, soubs

la confiance que nous avons, que le tout sera un
fort et puissant moyen de maintenir toutes nos maisons en l'unité du premier esprit, aussy fortement que
doucement inspiré par Nostre-Sauveur et Rédemp-
teur Jésus-Christ, et par sa très-saincte, très-aimée
et très-amante Mère, Nostre Dame et Maîtresse. Re-
cevez donc en bonne part, s'il vous plaist, nos très-
chères Mères et Sœurs, ceste petite et première
offrande qui part des mains de vos très-humbles ser-
vantes, comme de celles qui souhaitent ardemment
d'estre aydées des secours et de l'esfest de vos prières, aultant qu'elles répandent devant Dieu conti-
nuellement les leurs par la croissance de la vertu et
perfection en toutes vos maisons religieuses et pour
vostre prospérité. Nous sommes assuerément en cest
esprit.

Très-Religieuses Mères et Sœurs,

> Vos très-humbles et obéissantes
> servantes.

De notre maison et premier
couvent de Nostre-Dame.

A Bordeaux, 1635.

Rien ne peut établir que le manuscrit historique, en
tête duquel est placé la lettre ci-dessus, ait été imprimé; mais la sagesse, l'utilité et la nécessité si
bien appréciées de cette mesure offrent la preuve suffisante de son envoi aux communautés diverses de

l'Ordre. Ce premier objet rempli, on dut s'occuper, et on s'occupa effectivement, de l'impression des Règles et Constitutions. En 1638, parurent ces Règles et Constitutions de l'Ordre de Notre-Dame, imprimées pour la première fois, et accompagnées d'une approbation de Monseigneur de Sourdis, et d'une attestation de la Vénérable Fondatrice. Je crois utile et même nécessaire de reproduire ici dans leur entier et leur forme originale, ces deux actes, auxquels il a été fait plus tard des soustractions, des additions et des changemens notables qui n'ont pas peu contribué à introduire et à propager la division dans l'Ordre de Notre-Dame.

Approbation des Constitutions des Religieuses de Notre-Dame, par Monseigneur de Sourdis, Archevêque de Bordeaux.

Henry Descoubleau de Sourdis, par la grâce de Dieu et du Saint Siége Apostolique, Archevesque de Bourdeaux et Primat d'Aquitaine, à tous ceux qui ces présentes verront, salut en Nostre Seigneur.

Nos très-chères et très-aymées Filles en Nostre-Seigneur, les Filles de l'Ordre de Nostre-Dame du Couvent de la ville de Bourdeaux, nous auraient cy-devant fait représenter, qu'à l'instance et prière de feu Monseigneur l'Éminentissime et Révérendissime Cardinal de Sourdis, nostre prédécesseur et frère, Archevesque de Bourdeaux, il aurait plu à Nostre Très-Sainct Père le Pape Paul V, d'heureuse mé-

moire , d'approuver, instituer et ériger ledit Ordre de
Nostre-Dame en ladite ville de Bourdeaux , lui pres-
crire et donner règles , avec pouvoir à mondit Seigneur le Cardinal de l'agréger à tel Ordre de Mendians ou non Mendians approuvé par le Saint-Siége ,
que Son Éminence jugerait plus expédient , pour
mieux parvenir à la fin et au but que ledit Ordre de
Nostre-Dame se proposait , comme le tout estait plus
à plein contenu par ses lettres apostoliques, expédiées
en forme de Bref l'an 1607. En conséquence desquelles lettres et pouvoir , mondit Seigneur le Cardinal
aurait admis et reçu les premières Religieuses de cest
Ordre à prendre l'habit et le voile des Religieuses de
Saint-Benoist ; ou fort approchant d'iceluy, et tel qu'à
présent elles le portent , comme estant ledit habit
et voile plus propres et plus convenables à l'Institut
d'enseigner qu'elles entreprenaient, non toutefois pour
prendre , garder et se conformer à la Règle et Ordre
de Saint-Benoist , mais , pour y estre agrégées et jouir
des priviléges d'iceluy , gardant au reste et se con-
formant à la Règle que Sa Saincteté leur prescrivait
par sesdites lettres apostoliques. Et , comme tous les
Ordres réguliers , outre les Règles approuvées par le
Saint-Siége , se formaient et prescrivaient certaines
Règles et Constitutions soubs l'autorité des Supérieurs,
pour plus claire intelligence , pratique et exercices des Règles de l'Ordre ; qu'aussi , dès le commencement de cest Ordre de Nostre-Dame , elles
s'estaient prescrit et donné certaines Règles et Cons-

titutions par l'advis et conseil de personnes non moins doctes que graves et pieuses, soubs l'authorité de mondit Seigneur le Cardinal, suivant lesquelles elles pourroient plus facilement se conformer et suivre l'intention et approbation du Sainct-Siége ; mais qu'elles auroient toujours sursis d'en demander l'impression jusqu'à ce qu'elles les eussent veues en pratique, pour ne les publier et manifester sans observance. Et d'autant qu'elles nous auroient, lors de la visite par nous faite audit Couvent, fait entendre ce qui estait de l'observance et pratique desdites Constitutions, et le désir qu'elles avaient, et toutes les Maisons de l'Ordre, après trente ans passés de son institution, qu'elles feussent imprimées, pour garder, en tout et partout en même esprit, l'uniformité desdites Règles. Nous aurions eu pour agréable que Vénérable Maistre Pierre Caron, Prestre, Docteur en Théologie, Chanoine et Archidiacre de Fronsac, en Nostre Eglise Métropolitaine, et Nostre Vicaire général, conférast de ce subject avec les Mères Religieuses dudit Couvent à la grille d'iceluy, et qu'en leur présence, lesdites Règles et Constitutions feussent leues, et qu'on notast en icelles ce qui pourrait n'avoir été pratiqué et ce qui estait sans aucune difficulté en observance, fut mis au net, pour ordonner de l'impression. Ce qu'ayant esté fait, ensorte qu'il ne restait rien que nostre approbation ; elles nous auroient supplié et requis d'y vouloir apporter nostre authorité et en permettre l'impression, à ce que lesdites Constitutions feussent désormais gardées inviolablement et communiquées à toutes les Maisons de l'Ordre. A ces causes, Nous, après avoir veu la relation qui nous a été faicte par nostre très-chère et très-aymée Fille en Nostre-Seigneur, Jeanne de Lestonnac, première de l'Ordre et Mère ancienne qui est comme la Fondatrice d'iceluy, avec mondit Seigneur le Cardinal, nostre prédécesseur, par laquelle relation elle nous certifie, et à toutes les Maisons de l'Ordre, que lesdites Règles et Constitutions, à nous présentées en la forme ci-dessus déduite, ont esté tousjours gardées et pratiquées en ce Couvent de Bourdeaux, depuis son establissement, et qu'ès dites Règles et Constitutions, est contenu l'esprit et intention de l'Ordre, et que rien n'y a esté adjousté, *sinon, pour le regard du chant du petit office de Nostre-Dame qu'elle juge très-utile pour estre gardé ès maisons où y a nombre suffisant de Religieuses pour vacquer au chœur et à l'instruction et enseignement des Filles* ; ouy sur ce ledit sieur Caron, nostre Vicaire général, sur la vérité de la demande et requeste desdites Religieuses, et d'ailleurs, voyant la nécessité de l'approbation desdites Constitutions, pour estre gardées sans contredit en une rigide observance, pour parvenir et atteindre au but et fin de cette institution, avons approuvé et confirmé, approuvons et confirmons lesdites Règles et Constitutions à nous représentées, leues et recogneues en présence de nostre Vicaire général et de toutes les Mères dudit Cou-

vent , et à cet effet , y avons mis et apposé , mettons
et apposons le décret et authorité de nostre charge
pastorale et supériorité dudit couvent , pour estre lesdites Constitutions gardées et observées inviolablement en ladite Maison regulière de Bourdeaux ; si ,
mandons et enjoignons à cette fin à nos très-chères
Filles en Nostre-Seigneur , les Mère première , Mère
seconde, Conseillères, Discrètes et autres Officierres ,
en tant qu'à chacune touche et appartient , que dé-
sireuses de la continuation de cette saincte pratique,
elles gardent, maintiennent et conservent, fassent
garder , maintenir et conserver de point en point lesdites Constitutions , en leur vigueur et régulière observance , pour le propre bien et perfection de cest
Ordre et Institut. Permettons , ce faisant , que lesdites
Régles et Constitutions soyent imprimées pour estre
distribuées et communiquées à chacune des Religieuses dudit Couvent, en ce qui touche le devoir et
office de chacune d'icelles , ensemble à toutes les
Maisons de l'Ordre qu'il a plu à la divine bouté mul-
tiplier et accroistre à sa gloire et bien des âmes ; la
suppliant, par sa miséricorde, de les bénir, proté-
ger et défendre, pour lui produire des fruits d'éter-
nité.

Donné en nostre Chasteau de Lormont, en nostre
Diocèze ; soubs nostre Seing et grand Sceau, et contre-Seing du Secrétaire de nostre Archevesché, le

mercredy, seiziesme jour du mois du juin mil six cent trente-huict.

Signé en l'original :

SOURDIS,
Archevesque de Bordeaux.

Par Mandement de Monseigneur :

BERTHEAU,
Secrétaire.

ATTESTATION ET DÉCLARATION

de la Mère Ancienne et Fondatrice de l'Ordre de Nostre-Dame.

Je, Jeanne de Lestonnac, ancienne et première Religieuse dudict Ordre, atteste et déclare que les Saintes Règles et Constitutions, contenues en ce volume, sont les mesmes qu'il a pleu à Dieu d'inspirer à cest Ordre dès son commencement qu'il feut approuvé et confirmé par Nostre Saint-Père le Pape Paul V, d'heureuse mémoire, et mis soubs l'authorité et jurisdiction immédiate de feu Monseigneur l'Éminentissime et Révérendissime Cardinal de Sourdis, Archevesque de Bourdeaux et Primat d'Aquitaine, et qui depuis ont esté approuvées en nostre première Maison de l'Ordre sous la jurisdiction de Monseigneur l'Illustrissime et Révérendissime Archevesque de Bourdeaux, n'en ayant esté osté que quelques petites choses qui n'avoient esté ni pouvoient estre pratiquées, ni ajousté quelques nouveaux réglemens

que le commencement de l'Ordre ne pouvait pratiquer à faute de nombre suffisant de Religieuses, mais
qui y sont très-nécessaires., conformément à l'esprit
de l'Institut, le tout, par conseil de personnes spiri-
tuelles et expérimentées ès matières de Religion, et
de l'advis et consentement des Mères de ceste Communauté. C'est pourquoi je supplie très-humblement, par les entrailles de la miséricorde de Jésus-
Christ, nostre Sauveur, tous Nosseigneurs les Illustrissimes et Révérendissimes Archevesques et Éves-
ques Supérieurs, de les faire pratiquer dans les Maisons de l'Ordre, subjectes à leur jurisdiction, et toutes les Mères Supérieures qui sont et seront, Dieu
aydant, à l'advenir, d'en garder et fayre garder
l'exacte observance à leurs inférieures, d'aymer
toutes l'uniformité comme le soutien et la base des
Ordres Religieux, *et de communiquer avec ceste
première Maison, comme estant la Mère de toutes les autres*, afin que le Dieu de paix qui chérit
l'union et déteste les divisions, verse misécordieuse-
ment sur l'Ordre érigé à son honneur, et de sa très-
saincte Mère, très-glorieuse et toujours Vierge, nostre Patrone et Protectrice, ses plus grandes grâces
et bénédictions. Et, à ce que la vérité de mes sentimens ne soict révoquée en doute, j'ay escrit et signé
de ma propre main la présente attestation, et fait apposer le cachet ordinaire.

Donné à Bourdeaux, dans le monastère de Nostre-

Dame, le jour de sainct Bazile, quatorzième du mois
de juin mil six cent trente-huit.

DE LESTONNAC, *Religieuse*
et Première indigne de Nostre-Dame.

En 1638 furent donc, et pour la première fois,
imprimées les Règles et Constitutions de l'Ordre de
Notre-Dame. La rareté des exemplaires de cette première édition rendit nécessaire une seconde édition,
qui fut faite en l'année 1734 et qui parut avec une
autorisation de Monseigneur de Maniban, alors Archevêque de Bordeaux, autorisation sollicitée par la
Communauté de Bordeaux, agissant tant en son nom
qu'au nom de la plupart des autres Communautés de
l'Ordre. Cette deuxième édition qui, tout en repro-
duisant l'édition première sans augmentation ni dimi-
nution, ni changement quant au fonds, donna aux
Règles une forme nouvelle quant au style, afin de
les mettre dans un langage plus français et plus
intelligible, a conservé le nom du P. Gellé, Jésuite,
auteur des changemens de style. De la fidélité du
travail du P. Gellé, on trouve une preuve suffisante
dans le triple témoignage de ce R. P., des Religieuses composant la Communauté de Bordeaux, et de
Monseigneur de Maniban.

Désireux cependant de me procurer une preuve
matérielle de l'identité quand au fonds de ces deux
éditions, j'ai fait dans Bordeaux toutes les recherches
possibles pour me procurer l'édition de 1638, et j'ai

été assez heureux pour en trouver trois exemplaires, un dans le Couvent de Notre-Dame, un autre dans la Bibliothèque publique, et le troisième dans la Bibliothèque d'un directeur du Grand-Séminaire. Ces trois exemplaires, évidemment produits par les mêmes planches, m'ont offert, par leur confrontation avec l'édition du P. Gellé, une preuve nouvelle que le travail de ce R. P. a été un travail consciencieux et exact.

Je croyais inutile toute autre recherche pour me convaincre d'une foi pleine et entière à l'exactitude de cette seconde édition, lorsque, à mon grand étonnement, j'apprends par une Supérieure d'une communauté de l'Ordre, qu'un exemplaire de l'édition de 1638 qu'elle dit posséder, diffère réellement, non-seulement quant au style, mais quant au fonds, de l'édition du P. Gellé, et, qu'entre toutes les choses qu'elle ne retrouve pas dans l'édition qu'elle possède, est l'ordre domestique. Dès-lors, mon premier soin dut être de me procurer cet exemplaire ou un autre qui lui ressemblât, ce que, par la voie de Madame la Supérieure de Bordeaux, j'obtins sans retard d'une autre Supérieure qui s'empressa d'en faire l'envoi. Je confronte aussitôt l'exemplaire que je possédais d'abord avec celui que je venais de recevoir ; et, malgré qu'en tête de l'un comme de l'autre je trouve textuellement le même titre, la même date et le même nom d'imprimeur, j'acquiers bientôt la preuve que ces deux volumes n'avaient point été produits par

lès mêmes caractères et les mêmes planches ; et l'examen de leur contenu m'offre aussitôt celle qu'on ne
peut, en aucune manière, regarder ces deux ouvrages comme formant un même corps de Règles. Comme
en tête de l'un et de l'autre se trouvaient placées
et l'attestation de Monseigneur de Sourdis, et la déclaration de la Vénérable Fondatrice, je dus confron-
ter ces deux ouvrages sous le rapport de ces deux
actes, et je remarquai bientôt, dans l'ouvrage que je
venais de recevoir, des soustractions faites à ces actes tels que les contenait celui que je possédais en
premier lieu, et ces soustractions portent sur les
mots placés en lettres italiques dans la copie que j'en
ai fournie.

Bien persuadé que, dans la même année et le même
jour, à Bordeaux, et des presses de l'imprimeur de
l'Archevêché, il n'était pas sorti avec les mêmes au-
torisations deux ouvrages différens quant à la forme
et quant au fonds, je dus conclure que l'un de ces
ouvrages était une falsification des Règles et Constitutions de l'Ordre, criminellement créé par l'orgueil
de l'indépendance ou l'amour désordonné de la nou-
veauté.

Cette pénible découverte rendit nécessaire des recherches que la Providence a daigné couronner des
plus heureux succès, puisque j'ai trouvé dans les archives de l'Archevêché : 1° L'original de la déclaration et attestation de Monseigneur de Sourdis, fournies par l'édition de 1638, et cet acte original est

d'une conformité parfaite avec la copie renfermée dans le corps des Règles et Constitutions que j'avais trouvées à triple exemplaire à Bordeaux, et par conséquent il renferme les paroles retranchées. 2ᵉ Les manuscrits qui ont servi pour l'impression desdites Règles et Constitutions, et ces manuscrits, avec leurs nombreuses corrections, soustractions et additions, sont une copie fidèle du susdit corps de Règles, c'est-à-dire, de celui que je possédais en premier lieu.

De tout ce que dessus, je conclus : 1º Que l'édition dite du P. Gellé est une reproduction fidèle quant au fonds, des Règles réellement imprimées à Bordeaux en 1638 ; 2º que la déclaration de la Vénérable Fondatrice dont l'original n'a pu être découvert, a été par elle tracée telle que l'a fournie le corps de Règles qui reproduit fidèlement la déclaration de l'Archevêque ; 3º que toutes autres Règles, présentées comme celles fournies par la Fondatrice en 1638, avec ou sans l'autorisation et l'attestation ci-dessus, et différant quant au fonds de l'édition dite du P. Gellé, sont supposées ; 4º enfin, que le volume portant pour titre : *Règles et Constitutions de l'Ordre des Religieuses de Nostre-Dame, estably premièrement en la ville de Bourdeaux par l'autorité du Sainct-Siège*, avec cette indication : à Bourdeaux, par *Pierre Delacourt, imprimeur de Monseigneur l'Illustrissime et Révérendissime Archevesque de Bourdeaux*, 1638, renfermant soixante pages con-

sacrées à la reproduction de plusieurs actes d'approbation, de la Bulle d'Institution de N. S. P. le Pape
Paul V et d'une formule de l'Institut, et renfermant
de plus 156 pages de Règles, est une criminelle subs-
titution de Réglemens nouveaux aux Réglemens émanant réellement de la Fondatrice.

Je désirerais pouvoir attribuer à l'inadvertance
les soustractions faites aux actes émanant de Monseigneur l'Archevêque et de la Vénérable Fondatrice;
mais le peut-on, en réfléchissant sur la portée des
mots retranchés dans cette édition supposée de 1638?
Les mots retranchés dans l'attestation de Monseigneur
de Sourdis ont rapport au chant du petit office; et
comme il n'est point question du chant du petit office
dans cette édition fausse, ces mots auraient été à eux
seuls une preuve suffisante du faux qui était commis; et,
quant aux paroles retranchées dans la déclaration de
la Fondatrice, cette soustraction laisse malheureu-
sement à penser que la falsification des Règles et des
actes qui en font la force, fut l'ouvrage d'une Communauté qui avait répudié le berceau de l'Ordre,
puisque les paroles retranchées sont celles qui établissent la Maison de Bordeaux, centre des rapports
et de l'union.

Ce corps de Règles, faussement attribué à la Fondatrice et à Monseigneur l'Archevêque, n'a pas été
l'objet de cette seule édition, car il fut réimprimé
deux fois en 1642, *sans désignation de lieu et
d'imprimeur*; une fois avec les attestations ordinai-

res , mais avec les mêmes falsifications , et une fois
sans elles ; et de plus , en 1825 , à Castres. Cet ouvrage dernier , dont j'ai déjà parlé à l'occasion de la
formule de l'Institut qu'il contient , est une reproduction tronquée de ce corps de Règles supposées ; ainsi,
trouve-t-on dans cette édition de Castres les mêmes
soustractions auxquelles on n'a pas craint d'ajouter ,
soit dans l'acte d'approbation de Monseigneur de
Sourdis , soit surtout dans l'acte d'attestation de la
Vénérable , des changemens de style propres à en
altérer notablement le sens. Les changemens faits
dans ce recueil de Castres à l'attestation de la Fondatrice , sont tels qu'il ne peut qu'être utile de la consi-
gner ici , afin que vous puissiez facilement la compa-
rer avec celle qu'a réellement fournie la Révérende
Mère Fondatrice.

Je, Jeanne de Lestonnac , ancienne et première
Religieuse de l'Ordre de Notre-Dame, atteste et déclare que les saintes Règles et Constitutions contenues
en ce volume sont les mêmes qu'il a plu à Dieu
d'inspirer à cet Ordre aussitôt qu'il fut approuvé et
confirmé par notre S. P. le Pape, Paul V, d'heureuse
mémoire , et les ai mises sous l'autorité et juridiction
immédiate de feu Monseigneur l'Éminentissime et
Révérendissime Cardinal de Sourdis , Archevêque de
Bordeaux , et les ai fait depuis approuver par notre
première maison de l'Ordre, par Monseigneur l'Illustrissime et Révérendissime Archevêque de Bordeaux,
les ayant aussi soumises à sa juridiction. Desquelles

Règles et Constitutions on n'aurait rien retranché que
quelques petites choses, quoique très-nécessaires suivant l'esprit de l'Institut, mais qui n'avaient pas été
et ne pouvaient encore être pratiquées, à cause du
petit nombre de Religieuses dans le commencement
de leur établissement ; en place desquelles choses retranchées on aurait substitué quelques nouveaux Réglemens, le tout par le conseil de personnes spiri-
tuelles et expérimentées en matière de religion , et de
l'avis et consentement des Mères de cette communauté. C'est pourquoi je supplie très-humblement
par les entrailles de la miséricorde de Jésus-Christ
notre Sauveur, tous nos Seigneurs les Illustrissimes
et Révérendissimes Archevêques et Evêques nos Supérieurs, de faire pratiquer lesdites Règles et Constitutions dans les maisons de l'Ordre sujettes à leur juridiction. Je supplie pareillement toutes les Mères
Supérieures qui sont et qui seront, Dieu aidant, à
l'avenir, de les garder et faire garder exactement à
leurs inférieures, d'aimer toute l'uniformité comme
la base et le soutien des Ordres religieux, afin que
le Dieu de paix , qui chérit l'union et déteste les divisions, répande miséricordieusement sur l'Ordre
érigé en son honneur, et de sa très-sainte et glo-
rieuse Mère, et toujours Vierge, notre Patrone et
Protectrice, ses plus grandes grâces et bénédictions,
et afin qu'on ne puisse révoquer en doute la vérité de
mes sentimens, j'ai écrit et signé de ma propre main
la présente attestation, et y ai fait apposer le cachet

ordinaire. Donné à Bordeaux, dans le Monastère de Notre-Dame, le jour de Saint Basile, quatorzième du mois de juin, mil six cent trente-huit.

DE LESTONNAC,

Religieuse première indigne de Notre-Dame.

J'ai de plus découvert avec la même date de 1642, un ouvrage portant encore le même titre de Règles de la Compagnie de Notre-Dame, fait par un Religieux appelé Sainte-Marie, et qui pourrait bien être le premier historien de la Fondatrice. Cet ouvrage qui ne ressemble en rien à tous ceux dont j'ai déjà parlé, renferme des Réglemens particuliers qu'il croyait devoir offrir aux Religieuses de Notre-Dame, et qui devaient être substitués à ceux qu'elles avaient déjà reçus.

Dans le nombre des manuscrits nombreux renfermant les Règles et Constitutions imprimées en 1638, il en est un dont je dois faire une mention particulière. C'est celui renfermant le chapitre relatif aux lettres, où l'on trouve bâtonné tout ce qui y avait été ajouté dans la supposition d'une Supérieure générale. Quoique ce projet, dont il paraît qu'on s'est occupé long-temps du vivant de la Vénérable, n'aie pas reçu son exécution, son exposé n'en est pas moins un titre à conserver et à reproduire.

Le nom de la Vénérable doit s'écrire par deux NN., car c'est ainsi qu'elle signait et ainsi l'écrivent les Religieuses dans leur cahier historique.

Tel a été, Monsieur et cher Confrère, l'heureux

résultat de mes premières recherches; et ce résultat, dont la portée est immense, me fait présager
de nouvelles découvertes que je m'empresserai de
vous faire connaître.

L'intérêt puissant, pour l'Ordre entier, qu'offrent
ces nouveaux documens, m'a imposé le devoir de
communiquer à toutes les Communautés de l'Ordre le rapport dont ils sont l'objet et que j'ai
l'honneur de vous adresser. Ainsi s'explique l'impression de ce rapport.

Je crois à l'opportunité, à l'utilité et à la nécessité de la prompte impression des titres et documens cités dans ce rapport, car ils sont évidemment pour l'Ordre tout entier un bien précieux
trésor, et leur reproduction un besoin de la cause.
Je ne doute pas que vous ne partagiez sur ce point
ma manière de voir.

Pour obéir aux décrets du pape Urbain VIII
et des autres Souverains Pontifes, je proteste que
je ne prétends point attribuer le titre de Saint ou
de Sainte aux personnes dont il est parlé dans le
présent rapport, et que je ne demande pour les
faits qui y sont consignés qu'une foi humaine.

Daignez agréer, etc.,

Monsieur et cher Confrère,

Votre très-humble et très-obéissant serviteur,

SABATIER,

M. A. et Chanoine honoraire de Viviers.

Bordeaux, 22 mai 1835.

Nous, Jean-Louis-Anne-Magdeleine Lefebvre de Cheverus, par la Miséricorde divine et l'autorité du Saint-Siége Apostolique, Archevêque de Bordeaux ;

Attestons que les citations contenues dans le présent rapport, sont conformes aux pièces originales conservées dans les archives de notre Archevêché ; et autorisons M. l'Abbé Sabatier à les publier et faire imprimer pour la plus grande manifestation de la vérité, pour la gloire de la Vénérable dame Jeanne de Lestonnac et l'honneur de l'Ordre, si cher à notre cœur, si précieux à notre Diocèse, des Religieuses de Notre-Dame.

Donné à Bordeaux, le 21 mai 1835, sous notre seing, notre sceau et le contre-seing du secrétaire de notre Archevêché.

† JEAN, Archevêque de Bordeaux.

Par Mandement :

Place du Sceau.

BOUDON.

Chanoine honoraire et secrétaire.

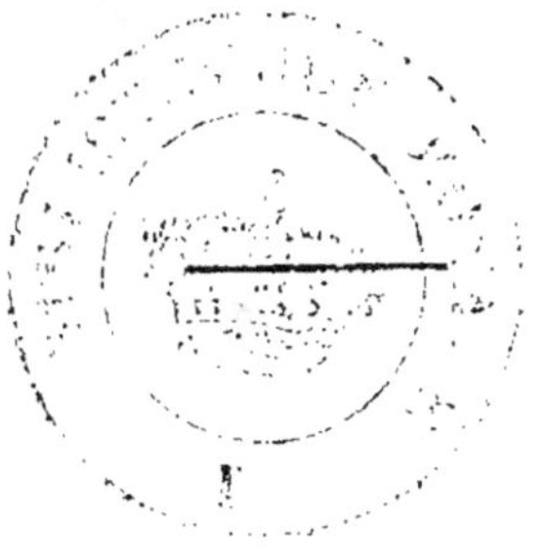